108 Amminih izreka o Blaženstvu

108 Amminih izreka o Blaženstvu

Izdavač:
> Mata Amritanandamayi Center,
> P.O. Box 613, San Ramon,
> CA 94583, Amerika

―――――――108 Quotes on Bliss (Serbian) ―――――――

Copyright © 2018 Mata Amritanandamayi Center,
P.O. Box 613, San Ramon, CA 94583, Amerika

Sva prava zadržana. Nijedan deo ove publikacije ne sme biti zadržan na bilo kom sistemu za snimanje, ne sme biti poslat, umnožen, prepisan ili preveden na bilo koji jezik, u bilo kojoj formi i na bilo koj način bez prethodnog odobrenja i pismene saglasnosti izdavača.

Prvo izdanje na srpskom, mart 2018.
Prevod, Ammini sledbenici u Srbiji.

U Srbiji :
> http://amma-srbija.org
> kontakt@amma-srbija.org

U Indiji :
> www.amritapuri.org
> inform@amritapuri.org

1

Deco, mi smo Božanska svetlost — večno slobodan, beskonačan i blaženi Atman (istinsko Biće). Postupajte sa bezazlenošću, trudom i verom pa ćete blažensvo istinskog Bića otkriti u sebi.

2

Božanstvo je prisutno u svakom od nas, u svakom biću, u svemu. Kao i prostor, Bog je svugde, sveprožimajući, svemoćan i sveznajući. Bog je princip života, unutrašnje svetlo svesti, i ta svest je čisto blaženstvo. To je vaše istinsko Biće. Tajna blaženstva se otkriva kad kontemplirate prirodu istinskog Bića. Kada se talasi mentala (misleni talasi) uspore, videćete da je sve što tražite već u vama.

3

Kad god ste inspirisani i imate vremena, osamite se, sedite i pokušajte da "vidite" sve kao čistu svetlost i blaženstvo svesti.

4

Dobro je za duhovne istraživače da provode izvesno vreme gledajući nebo. Kontemplirajte nebesko prostransvo, pokušajte da se sjedinite sa tom ekspanzivnošću bez forme, gde vlada jedino apsolutno blaženstvo.

5

Usredsredite se na svoju unutrašnjost, posmatrajte misli, i pronađite njihov izvor. Zasigurno znajte: 'Moja priroda je Sat-ćit-ananda (čisto biće - svest - blažensvo).'

6

Svrha ljudskog života je da realizujemo tj. u potpunosti shvatimo svoju pravu prirodu, koja je beskrajna sreća. Nemojte propustiti ovu dragocenu priliku, da pronađete svoje večno blaženo istinsko Biće, trčeći za privremenim zadovoljstvima.

7

Jelen moškavac traži otkud dolazi miris mošusa, ali bez obzira koliko god tražio, nikad neće pronaći jer, izvor mirisa je u njemu samom. Isto tako, blaženstvo se ne može naći spolja; ono je unutar nas. Kad to shvatimo, i kad dovoljno razvijemo neprijemčivost (za spoljni svet), mental će prestati da juri za spoljašnjim zadovoljstvima.

8

Kada odbacimo stav zasnovan na 'ja' i 'moje' onda više nema tuge i mozemo da uživamo u potpunom blaženstvu koje je u nama. Ali, preostaje nam da odbacimo to 'ja' kao ideju o jednoj individui. Sreća je unutar svakog od nas, ali mi nismo u stanju da je doživimo zbog pojave privlačenja i odbacivanja - što potiče od našeg ega.

9

Deco, blažensvo je naša prava priroda, a ne patnja. Međutim, nešto nam se dogodilo tako da se sve okrenulo naopačke. Sreća se smatra neobičnim raspoloženjem, dok se patnja smatra običnom i normalnom. Pravo blaženstvo će se postići samo onda kada budemo mogli da pravimo razliku između onog što je večno i onog što je prolazno.

10

Svako od nas traži beskrajno blaženstvo, ali ga neće naći među prolaznim stvarima. Kako, bilo ko, ko traži sreću među stvarima ovoga sveta može dostići blažensvo koje ne pripada ovom svetu?

11

Sreća koju nalazimo u spoljašnjem svetu je prolazna, nikad ne ostaje dugo uz nas. Ona je tu jednog momenta, i odleti u sledećem. Ali spiritualno blaženstvo nije takvo; jednom kada se dogodio poslednji procep, kada smo postali nezavisni od ograničenja tela, mentala i intelekta, tada neograničeno blaženstvo ostaje zauvek. Kada se jednom dostigne to najviše stanje, povratka nema.

12

Videci čoveka kako puzi okolo na rukama i kolenima, 'šta tražis?' upita ga sused.

'Svoje ključeve' rekao je čovek, u očajanju.

Oba čoveka se spustiše na kolena da traže. Posle izvesnog vremena komšija je upitao, 'Gde si ga izgubio?' 'U kući,' odgovori čovek.

'Blagi Bože', reče komšija. 'Pa zašto onda tražis ovde?' 'Jer je ovde svetlije.'

Slično tome, sreća je u vama, a vi je tražite izvan vas.

13

Ukoliko budete tražili sreću, nećete uspeti jer će samo traženje sreće uzrokovati nezadovoljstvo i unutrašnji nemir. Uznemireni duh ne može da bude srećan.

Vaše traženje sreće je uvek u budućnosti, nikada u sadašnjosti. Budućnost je spolja; sadašnjost je unutra. Blaženstvo vas čeka unutar vas samih.

14

U vašoj jurnjavi za srećom, stvarate pakao u vašem mentalu. U suštini, šta je mental? To je zbir svih vaših nesreća, negativnosti i nezadovoljstava. Mental je ego, a ego ne može biti srećan. Kako možete tražiti sreću sa takvim mentalom? Sve intenzivnije traženje će doneti još više anksioznosti i nezadovoljstva. Sreća dolazi samo onda kada mental i sve njegove egocentrične misli nestanu.

15

Sreća dolazi iznutra. Pas će zagristi kost i misliti da energija koju dobija od krvi svojih sopstvenih povređenih desni dolazi od kosti. Mi smo slično obmanuti kada mislimo da blaženstvo proizilazi od nekog spoljašnjeg objekta a u suštini ono dolazi iz naše unutrašnjosti.

16

Do sada smo mislili da su naše telo i misli stvarni. To nas je stvorilo nesrećnim. Hajde sada da mislimo na drugi način. Atman je jedini stvaran i večan, i to je ono što trazimo (u nama) da realizujemo - da shvatimo. Ako ta misao bude duboko usađena u našu svest, naše nedaće će nestati i mi ćemo osećati samo blaženstvo.

17

Da bi se postigao pravi mir i istinska sreća treba prevazići mental i njegove želje. Bez obzira koliko se trudili nije moguće osetiti blaženstvo našeg istinskog Bića i istovremeno težiti svetovnoj sreći. Ako jedete pajasam (puding od slatkog pirinča) iz posude u kojoj se drži tamarind[1], kako možete uživati u pravom ukusu pajasama?

---

[1] azijsko voće slatko-gorkog ukusa

18

Prava sreća dolazi od rastapanja mentala, a ne od spoljašnjih objekata. Meditacijom možemo postići sve, uključujući blazenstvo, zdravlje, snagu, mir, inteligenciju i vitalnost.

19

Bez mentala nema sveta. Dok imate mental, postoje imena i oblici. Onog momenta kada mental nestane, nema više ničega. U tom stanju, ne znate ni za san ni za budno stanje. Niste svesni nijednog objektivnog postojanja. Prisutno je samo savršeno spokojstvo, blaženstvo i mir.

20

Ako snažno utrljavate prašinu u oči umesto da je odstranite, bol i iritacija će se samo povećati. Odstranite prašinu i biće vam dobro. Slično tome, mental je kao prašina koja se uvuče u oči; on je strani element. Naučite da se oslobodite mentala, jedino tada ćete postići savršenstvo, blaženstvo i sreću.

21

Problem je što se mi identifikujemo sa svim raspoloženjima (ćudima) svog mentala. Kad smo ljuti, mi postajemo ljutnja. Isto važi za strah, uzbuđenje, uznemirenost, tugu i sreću. Mi postajemo jedno sa tim osećanjem, bilo da je ono pozitivno ili negativno. Mi se identifikujemo sa maskom, ali realno, nijedno od ovih raspoloženja niste zaista vi. Vaša prava priroda je blaženstvo.

22

Između privremene sreće, koja će nas dovesti do stalnog nezadovoljsva ili patnje i privremenog bola, koji će da rezultira beskrajnim mirom, na nama je da izaberemo.

23

Deco, patnja nastaje kada postoji želja. Još pre stvaranja Bog je rekao "Uvek ćete biti u blaženstvu ukoliko krenete ovim putem. Patnja će doći ukoliko izaberete drugi put." Deco, kako niste poslušali ove reči, krenuli ste i pali u jarak, i sada kažete da ste bili gurnuti u njega. Bog nam je predočio oba puta. Na nama je da odlučimo.

24

Razlika između spiritualnog blaženstva i materijalne sreće je kao razlika između vode reke i kanala. Neosporno je da možete ugasiti žeđ pijući vodu iz kanala, ali ćete se potom razboleti. Ako pijete rečnu vodu, ugasićete žeđ i ostaćete zdravi.

25

Da su želje put za ostvarenje prave sreće, mi bismo još odavno dostigli blaženstvo oslobođenja. Svetovni život u potpunosti zavisi od čulnih organa, ali se čitava naša energija raspe tražeći senzualna uživanja. Sva zadovoljstva sveta, bez obzira kakva su, završavaju se patnjom.

26

Pretpostavite da jedete samo ljute paprike kada ste gladni, jer veoma volite ljute papričice. Vaša usta će peći, kao i vaš stomak. Hteli ste da se zasitite, ali sada treba da trpite bol. Slično, ako vaša sreća zavisi od fizičkih stvari, patnja će neizostavno slediti.

27

Blaženstvo se ne ostvaruje preko spoljašnjih stvari. Ono se doživljava kada se čula stope sa mentalom putem koncentracije. Znači, ako želite blaženstvo, pokušajte da se koncentrišete.

28

Ako sreća proizilazi iz koncentracije, sledi da ona ne zavisi ni od kakve specifične stvari. Kratkotrajna sreća se postiže kada se koncentrišemo na prolazne stvari. Zamislite onda količinu blaženstva koje nastaje ako se koncentracija usresredi na Boga koji je večiti izvor sve slave?

29

Deco, iskusite blaženstvo koje proizilazi iz isključivog fokusiranja na Boga. Ako sve što činite, činite prepuštajući Bogu vaš mental, blaženstvo će biti u vama zauvek. Tada, čak i situacije koje bi u normalnim okolnostima bile bolne pretvaraju se u momente sreće.

30

Spoznajom Boga postaćete večno situirani u apsolutnom blaženstvu, jer je Božija priroda čisto blaženstvo. Bog nije ni sreća ni tuga. Sreća je ograničena, ali je blažensvo bezuslovno. Sreća i tuga pripadaju svetovnom. Bog je blaženstvo koje je izvan svih dualnosti.

31

Ukoliko želite večno i neprestano blaženstvo, put ka Bogu je dostupan, ali morate mnogo da se trudite. Ukoliko ste zainteresovani samo da dostignete trenutno zadovoljstvo, onda vam je put ka svetu otvoren. Da se postane samo neko ko se zadovoljava stvarima koje je Bog stvorio i koje mu pripadaju, malo napora je potrebno – mnogo manje nego što je potrebno da se postigne Božije blaženstvo.

32

Kada uživate u fizičkim, čulnim zadovoljstvima, osećate izvesnu sreću, zar ne? Ukoliko to ne kontrolišete, nećete moći da se uzdignete do nivoa spiritualnog blaženstva. Ukoliko se požude ne kontrolišu sada, kasnije će one kontrolisati vas.

33

Jednom kada je Gospod u vama kao svetinja, postoji samo blaženstvo, ne samo unutar vas, već takođe i spolja. Tada ćete dosegnuti do pravog blaženstva, ne samo do odsjaja sreće koji dolazi od spoljnjih stvari. Ali da bi se dostiglo to blaženstvo morate da se odreknete takozvane 'sreće'.

34

Odreci se nečega i budi srećan zbog toga. Zaboravi da je ikada bilo tvoje. Misliti da ste nešto izgubili takođe je pogrešno. Nemojte tako da se osećate; osećajte se opušteno, budite mirni. Shvatite da ste slobodni - oslobođeni tog tereta. Predmet je bio teret i sada ga više nema. Jedino ukoliko možete da osetite teret prijemčivosti i vezivanja, moći ćete da osetite opuštenost ili blaženstvo koje sa javlja sa nevezivanjem i odricanjem.

35

Uistinu bogat čovek je onaj koji je u stanju da uvek bude nasmejan, čak i u trenucima tuge. Tuga ne može da ga podstakne na plač niti mu je potrebna sreća da bi bio veseo. Po samoj svojoj prirodi on je blažen. Nije mu neophodna podrška poželjnih stvari ili događaja da bi bio srećan. Čovek koji je spolja gledano bogat i uspešan može biti očajan ukoliko izgubi neprocenjivo bogatstvo mira i unutarnjeg zadovoljstva.

36

Večno blaženstvo se ne može postići bogatstvom; već samo privremena sreća. Ako se pitate, 'Kako da živimo bez novca, bez obilja? Da li moramo da se odreknemo onoga što posedujemo?' Amma ne kaže da treba da ostavite bilo šta. Blaženstvo i mir će biti vaše bogatstvo ukoliko shvatite pravu svrhu onoga što posedujete.

37

Problem nije u svetu. Problem je u mentalu. Dakle budite oprezni, i videćete stvari jasnije. Oprez ili budna pažnja vam omogućava da imate pronicljivo viđenje i pronicljiv duh, tako da ne možete biti obmanuti iluzijom. On će vas polako približiti vašem istinskom Biću, blaženstvu vašeg istinskog Bića.

38

Ono sto se podrazumeva pod unutrašnjom usamljenošću je : biti zadovoljan u svom istinskom Biću, tim istinskim Bićem i za to istinsko Biće. Sve spiritualne vežbe se rade u cilju da bi se doživela ta unutrašnja usamljenost ili singularna koncentracija mentala. U suštini, da bismo bili srećni, nije nam potrebno baš ništa spolja. Postanimo nezavisni – zavisni isključivo od našeg istinskog Bića, istinskog izvora blaženstva.

39

Čak i da bi se uživalo u svetovnim zadovljstvima potrebno je imati smiren duh. Dakle deco, treba da klimatizujemo naš mental. Onaj ko ima klimatizovani mental će osećati blaženstvo stalno i bilo gde. To je ono čemu treba da težimo. Nije ni bogatstvo ni bilo šta drugo izvor koji pruža blaženstvo. Klimatizovani mental je taj koji istinski omogućava blaženstvo.

40

Razumite ovu veliku istinu: sreća koja proizilazi iz svetovnih zadovoljstava je neznatan odraz beskrajnog blaženstva koje dolazi od vašeg istinskog Bića.

41

Pre nego što posejete seme morate da pripremite zemlju, odstranjujući lišće i korov. U suprotnom seme teško proklija. Isto tako, možemo da uživamo u blaženstvu svog istinskog Bića samo ukoliko ispraznimo mental od svih spoljnih stvari i usmerimo ga ka Bogu.

42

Amma smatra de treba puno da se trudimo i ulozimo veliki napor kako bi postigli spiritualno blaženstvo. Ona ne želi da ljudi zaludno troše vreme u ime spiritualnosti. Iako ljudi dolaze kod Amme iz različitih pobuda, Ona će učiniti, na ovaj ili onaj način, da se svi sete i misle na Boga.

43

Trenutno, Bog je zadnja stavka na našoj listi. Ali On bi trebalo da je prva. Ako stavimo Boga kao prvog, sve ostalo će doći na svoje pravo mesto. Od momenta kada je Bog u našim životima, svet (materijalni) će slediti; ali ako prigrlimo svet, Bog, On nas neće prigrliti. U početku, potrebno je da se jako trudimo i borimo da bi osetili Boga u nama, ali ako smo uporni, to će nas dovesti do trajnog blaženstva i sreće.

44

Pravi dobitak dolazi isključivo od našeg istinskog Bića. Jedino istraživanje istinskog Bića je od večne vrednosti, i donosi mir. 'To' treba da prepoznamo kao pravo blaženstvo. Kakvu sreću nalazimo ako se stalno brinemo oko detalja svetovnog života? Napredujte imajući u vidu da sve zavisi od Njega (istinskog Bića). Ako to učinite, postići ćete mir.

45

Nema potrebe kriviti sudbinu za sve i svašta u vašem životu. Sve je plod vaših sopstvenih postupaka. Budite smireni i radite u sadašnjosti tako da vaša budućnost bude srećna i blažena. Postupajte ispravno i iskreno, i ako tada nešto ne bude kako treba, možete uzeti u obzir da je to vaša karma, sudbina, ili Božija volja.

46

Dajte uputstva mentalu kao na primer, 'O mentalu, zašto čezneš za ovim nepotrebnim stvarima? Još uvek misliš da će ti one doneti sreću i zadovoljiti te? Nije tako. Znaj da će one samo iscrpiti tvoju energiju i doneti ti samo uzrujanost i brigu bez prekida. O mentalu, prekini sa ovim lutanjem. Vrati se svojem blaženom izvoru i počivaj u miru.'

47

Sreća je odluka, kao i bilo koja druga odluka. Treba da donesemo čvrstu odluku. 'Štagod da mi se dogodi, biću srećan. Ja sam hrabar i nisam sam. Bog je samnom.'

48

Bezbroj razlčitih tehnika iz celog sveta pokušava da nam proda sreću. Možemo videti reklamu, naprimer, 'u deset lakih stupnjeva možete dostići ono za čim vaše srce žudi,' ili bilo koju drugu parolu, koja teži da vas navede da kupite njihov metod. Ali kakva šteta! Samo duhovni istraživač nalazi pravi put i niko drugi. Nigde na svetu niko ne može da vas nauči kako se osloboditi ega, vezivanja, ljutnje, straha, i svega što vas sprečava da u potpunosti dostignete i živite u čistoj ljubavi, savršenom miru i apsolutnom blaženstvu.

49

Deco moja, vaša sreća je Ammina hrana. Ammina sreća je kada vi u vama samima nađete sreću. Amma se oseća nesrećnom kada vidi da zavisite od spoljašnjih stvari, jer ukoliko zavisite od njih, moraćete da patite sutradan.

50

Ammin cilj je da vam pomogne da dosegnete do najvišeg stupnja iskustva da bi ste spoznali ko ste u suštini; tapas ili disciplina (asketizam) je put koji vodi ka tome. Pošto je blaženstvo, najveća radost koja uopšte može postojati, neophodna disciplina tj. cena koju plaćate za to blaženstvo je takodje najveća. Vaš celi život treba posvetiti tom cilju.

51

Očima punim suza molite se Bogu, 'O Gospode dozvoli mi da te ugledam! Ti si moj život; Ti si Onaj koji je Beskrajan. Mentalu, zašto čezneš za ovim glupim i besmislenim stvarima? One ti ne mogu doneti sreću za kojom žudiš. To nisu stvari koje sam te molio da tražiš.' Do promene će polako doći kroz molitve Bogu i kroz preispitivanja mentala.

52

Ljudska bića imaju poriv da prianjaju za sve što mogu, čak i za ceo univerzum. Ne žele ništa da izgube. Prava ljubav zahteva ogromnu količinu žrtvovanja. U određenim trenucima to može biti veoma bolno, ali prava ljubav uvek kulminira večitim blaženstvom.

53

Onaj ko želi da dosegne pravu ljubav i najvišu formu blaženstva, mora proći kroz pročišćavanje. Pročišćavanje se sastoji u "zagrevanju" uma sa ciljem da se otklone sve nečistoće, a ovaj proces je neizostavno bolan.

54

Dok vas trenutna sreća, koja potiče od svega svetovnog, gura, na kraju u brige i neprestane tuge, spiritualna patnja vas uzdiže do beskrajnog blaženstva i mira.

55

Unutrašnji mir sledi nakon bola. Da biste došli do radosti, prvo morate imati iskustvo o bolu. Bol na početku i trajna sreća na kraju su daleko bolji od sreće na početku i dugotrajnog bola na kraju. Bol je neizbežan deo života. Ako nikad niste iskusili patnju, na bilo koji način, ne možete zaista i u potpunosti osetiti i ceniti mir i sreću.

56

Jednom kada duhovni Učitelj počne da deluje On vas neće napustiti, jer nijedan doktor neće dozvoliti da mu pacijent pobegne pre nego što se operacija završi. Operacija koju radi Satguru nije mnogo bolna, u poređenju sa teškim stanjem vaše bolesti, kao i u poređenju sa najvećim blaženstvom i drugim pogodnostima koje vam donosi. Kako je istinski Učitelj ujedinjen sa Bogom, kupanje u Njegovoj obilnoj ljubavi i saosećanju jako puno pomaže smanjenju bola.

57

Učitelj ili Guru, nije neko ko nanosi bol, on je isceljivač, iscelitelj bola. Njegova namera nije da vam pruži privremeno olakšanje, već permanentno olakšanje – zauvek. Ali iz nekog razloga, mnogi ljudi žele da zadrže svoj bol. Iako je vrhovno blaženstvo naša priroda, izgleda da se u sadašnjem stanju, ljudima sviđa da ostanu u svom bolu, kao da je on postao njihova druga priroda.

58

U početku, bol je cena koja se plaća da bi se moglo uživati u sreći. Čak i u svetovnom smislu, trud i požrtvovanje koje činite je proporcionalno stepenu sreće koju tražite. Ali sreća spiritualnog blaženstva je najveća i neprekidna. Dakle, vrlo je skupocena i da bi je dostigli, treba da se odreknete nižih stvari i onih koje donose osrednja zadovoljstva.

59

Čak i kada bi nas svi ljudi ovog sveta voleli, čak i tada bi dobili samo beskrajno mali deo blaženstva u poređenju sa onim koji daje Božanska ljubav.

60

Kao kad cvet otpadne prilikom formiranja ploda, svetovne želje će nestati kada se postigne stanje nevezivanja tj. neprijemčivosti. Nakon toga nikakva želja ne može više vezati ili zarobiti jednu takvu osobu, bez obzira da li ona živi u svom domu ili u šumi. Onaj ko je postavio cilj da spozna Boga, neće ničem drugom pridavati važnost. On je već shvatio da bilo šta fizičko nije trajno i da se pravo blaženstvo nalazi unutra.

61

Besmislena svetovna vezivanja koja potiču od našeg pogrešnog razumevanja, čine da idemo kroz život besvesno, iako se krećemo i dišemo. Kada napustimo svako vezivanje, sve u životu, čak i sama smrt, može postati blaženo iskustvo.

62

Vairagya, ili neprijemčivost, je odricanje svetovnih stvari, ukoliko shvatimo da: "Sva radost koja potiče izvan mene je privremena, i kasnije će postati izvor patnje. Sreća koju nalazim u svetovnim stvarima nije stalna; ona je trenutna i stoga nestvarna." Međutim, da bi se doživela prava sreća nije dovoljno da se odreknemo iluzornih stvari ovoga sveta; mi treba takođe da dostignemo ono to što je stvarno. Put ka tome je ljubav. Ljubav je put ka večnom blaženstvu.

63

Da li smatrate da sreća proizilazi iz nevezivanja? Ne, sreća se rađa iz vrhovne ljubavi. Ono što vam je potrebno da biste dostigli vaše istinsko Biće ili Boga, je ljubav. Samo kroz ljubav ćete moći da osetite potpuno nevezivanje i blaženstvo.

64

Oni koji ne žele ništa drugo osim da spoznaju Boga ne brinu ni o prošlosti ni o budućnosti. Biti u sadašnjem trenutku, to je sve sto žele, jer se tu nalazi Bog; tu su i savršeni mir i blaženstvo. Do savršenog unutrašnjeg mira i spokojstva se dopire bivstvovanjem u sadašnjosti.

65

Radite i obavljajte svoje dužnosti svim svojim srcem. Pokušajte da radite nesebično, sa ljubavlju. Potpuno se predajte onome što radite. Tada ćete osetiti i iskusiti lepotu i ljubav u svemu što radite. Ljubav i lepota su unutar vas. Potrudite se da ih ispoljite kroz vaše postupke pa ćete zasigurno dotaći istinski izvor blaženstva.

66

Posmatrajmo Boga kao naše sklonište i postignimo čistotu srca, a sa čistim srcem možemo uživati u stalnom blaženstvu. Predavanje Bogu donosi mir. Međutim, mi se često molimo Bogu na način koji sugeriše da je Bogu nešto potrebno!

67

Vi možete voditi spiritualan život a ostati porodičan čovek u svetovnom životu. I tada ćete moći da uživate u blaženstvu svog istinskog Bića ukoliko vaš duh sve vreme bude sjedinjen sa Bogom. Majka ptica će misliti na svoje mladunce, i kada je van gnezda i traži hranu. Isto tako, ukoliko možete usmeriti svoj duh prema Bogu dok ste zaokupljeni svim svojim svetovnim poslovima, onda lako možete dostići blažensvo.

68

Kada poklanjate buket cveća svome prijatelju, vi ste ti koji osećate zadovoljstvo zbog davanja. Vi ste prvi koji ćete uživati u lepoti i mirisu cveća. Slično, kada se posvetimo dobrobiti drugih, naš duh biva nagrađen postajući čist. Prava sreća proizilazi iz nesebičnih postupaka.

69

Da bi ste se sećali Boga, potrebno je da budete potpuno i apsolutno u sadašnjem trenutku, zaboravljajući prošlost i budućnost. Ovakva vrsta zaboravnosti vam pomaže da usporite misli, omogućava vam da osetite blaženstvo meditacije. Prava meditacija je kraj svih patnji. Prošlost je samo u našem mentalu, i on je ustvari razlog sve patnje. Dok se oslobađate svoje prošlosti i mentala, postajete čisto blaženstvo svog istinskog Bića ili Boga.

70

Deco, meditacija je učenje da se umire u blaženstvu. Kao što slavimo rođendane, neka smrt i umiranje postanu vreme velike proslave i blaženstva. Kroz meditaciju možete naučiti kako da se oslobodite svakog vezivanja i pohlepe u životu. Ceo vaš život treba da bude priprema da umrete srećno - jer jedino onda kada budete spremni da se sa radošću suočite sa smrću moći ćete zaista da živite srećan život.

71

Vi niste barice gde se voda zadržava i postaje vremenom sve prljavijavija; vi ste reke koje teku za dobrobit čovečanstva. Vi niste stvoreni da patite; vi ste stvoreni da iskusite blaženstvo! Ulivajući se u reku, voda iz bare se pročišćava; ulivajući se u slivnik samo postaje još prljavija. Slivnik je sebično ponašanje 'ja' i 'moje'. Reka je Bog. Deco, naći utočište u Bogu donosi osećaj sreće i mirnu svest, koji zatim zrače iz nas i donose dobrobit svetu.

72

Pogledajte ptičice koje žive u bari. One ne znaju da imaju krila. One neće da lete visoko i uživaju nektar sa cveća na drveću oko bare. One samo žive od prljavštine iz bare. Međutim, ukoliko bi se vinule u vazduh i okusile nektar, ne bi se vratile nazad, dole u prljavštinu. Slično, mnogi ljudi provode čitav život nesvesni svoje suštine i blaženstva - koje se dobija ljubavlju prema Bogu.

73

Možete napisati tomove knjiga o spiritualnosti. Možete napisati divnu poeziju i pevati lepe pesme o njoj. Možete satima pričati o spiritualnosti jako lepim i kitnjastim jezikom. Ali i pored toga spiritualnost će vam ostati nepoznata ukoliko zaista ne iskusite njenu lepotu i blaženstvo vašim unutrašnjim Bićem.

74

Joga nije nešto što treba iskazati rečima. To je iskustvo sprege jivatmana (individualnog Bića) i Paramatmana (najuzvišenijeg istinskog Bića). Baš kao što ne možete objasniti slatkoću nakon što ste jeli med, blaženstvo jedinstva je neizrecivo.

75

Kada postanete šećer, onda nema ničeg osim slatkoće. Slično tome, kada smo u stanju istinskog svedoka, postoji samo blaženstvo.

76

Puno je prednosti na putu bhakti (predanosti). Već na samom početku puta možemo iskusiti blaženstvo. Tako bivamo podstaknuti da radimo sadhanu (spiritualnu praksu). Drugi putevi kao što je naprimer, pranajama (kontrola disanja), dovode do blaženstva tek na kraju. Kao što drvo džekfrut daje plod u podnožju svog stabla, bhakti je put koji daje plod od samog početka.

77

Blagost i blaženstvo dobijeni kroz trud i predanost - nevezane za bilo koju želju, je nešto jedinstveno. Iako advaita (stanje ne-dualnosti) je vrhovna Istina, Amma ponekad oseća da je sve besmisleno i želi da ostane samo nevino dete pred Bogom.

78

Deco, slatko i blaženo osećanje koje proizilazi iz pevanja u slavu Gospoda, je neuporedivo i neizrecivo iskustvo. Nema sumnje da se prilikom pevanja Božijeg imena postiže potpuno i kompletno zadovoljstvo. Zbog toga, čak i oni koji su postigli to stanje, silaze dole pevajući Božiju slavu i ponašajući se kao poklonici.

79

Deco, molite se i ronite suze dok mislite na Božanstvo. Nijedna druga sadhana vam neće pružiti blaženstvo Gospodnje ljubavi kao iskrene molitve Bogu. Jednostavno zovite; neka poruka ide iz vašeg srca, kao dete koje plače za majkom kad je gladno ili da bi ga držala u rukama i mazila. Pozovite Je sa istom snagom i nevinošću. Plačite i molite se Njoj i Ona će vam se prikazati. Ona ne može sedeti nema i nepotresena kada Je neko tako priziva.

80

Agonija, posledica žudnje da se vidi Bog nije patnja, to je blaženstvo. Stanje u kome se nalazimo prizivajući i plačući za Bogom je analogno blaženstvu koje jogi doživljava u samadhi. Plakati za Bogom sigurno nije mentalna slabost, nego nam pomaže da dostignemo vrhunsko blaženstvo.

81

Plakati za Bogom je daleko iznad od plakanja za bednim i prolaznim svetovnim zadavoljstvima. Sreća koju postižemo kroz svetovne stvari traje samo nekoliko sekundi, dok blaženstvo koje osećamo sećajući se Boga je trajno.

82

Istinski sledbenik prestaje da pothranjuje ego i da sluša mental. On jedino sluša svoje srce. Smrt ega je prava smrt — ona vas čini besmrtnim. Smrt ega vodi besmrtnosti. Kada ego umre, vi živite u večnom blaženstvu.

83

Meditacija je ambrozija koja vas vodi u stanje bez ega i bez misli. Jednom kada nadmašite mental, nema patnje. Meditacija vam pomaže da sve vidite kao zanosnu igru tako da sva iskustva, podrazumevajući i trenutak smrti, postaju blaženi.

84

Rođenje i smrt su dva najintenzivnija događaja u životu. Tokom ova dva glavna iskustva, ego se povlači tako daleko u pozadinu, da je nemoćan. Jednom kada shvatite da rođenje i smrt nisu ni početak ni kraj, život počinje da biva beskrajno lep i blažen.

85

Strah i patnja koju imate zbog smrti su uzrokovani mišlju da će smrt uništiti sve što imate, sve za šta ste se vezali i sve čemu ste privrženi. Ta vezanost tj. prijemčivost uzrokuje bol. Kada biste samo mogli da se oslobodite te vezanosti, bol zbog smrti bi se pretvorio u osećanje blaženstva.

86

Prava istina je da je nama smrt strana. Smrt je prirodna samo telu, ne i našem istinskom Biću, koje je naša suština. Tuga je takođe neprirodna našem istinskom Biću, dok je blaženstvo naše prirodno stanje. Ali izgleda da je čovek daleko spremniji da prigrli i smrt i patnju. Više ne zna da se smeši. Jedino kada dodirnete blaženstvo istinskog Bića (Atman) tada, zaista će te se smešiti.

87

Jednom kada ste u stanju da vidite pravu istinu, ništa vam nije nepoznato ni strano; čitava vasiona vam je bliska, i vi se smešite ne povremeno, već stalno. Vaš život postaje veliki osmeh. Vi se stalno smešite svemu – ne samo za vreme srećnih momenata, već i za vreme nesrećnih momenata. Čak se možete smešiti i smrti.

88

Ljubav i sloboda nisu odvojene; one su jedno. One su međusobno zavisne. Bez ljubavi ne može biti slobode; a bez slobode ne može biti ljubavi. No, samo ukoliko su sve vaše negativnosti iskorenjene, možete uživati u večnoj slobodi. Samo u stanju čiste ljubavi će prelepi, mirisni cvet slobode i najvišeg blaženstva otvoriti svoje latice i procvetati.

89

Naše vreme, ovde kod nas, je vrlo ograničeno. Kao leptir koji živi samo nedelju dana, širite sreću svakog momenta! Ukoliko smo bili u stanju da pružimo sreću jednoj duši – čak i samo u toku jednog minuta - naš život je blagosloven.

90

Jivanmukti (spoznaja svog istinskog Bića) je najviša tačka ljudske egzistencije, stanje u kojem se stalno oseća blaženstvo dok smo još uvek u telu. U tom stanju, telo nije ništa više nego kavez u kome živi duša, jer je tada čovek stalno svestan da je istinsko Biće različito od tela. Oni koji znaju Beskonačnost; oni koji su spoznali Istinu, ne pate; njihovo jedino iskustvo je blaženstvo.

91

Jednom kada je došlo do spoznaje istinskog Bića, neka bića se sjedine sa večnošću, i nakon dostizanja tog Najvišeg Stanja, vrlo mali broj se vrati nazad. Ko bi želeo da se vrati kada je ušao u Okean Blaženstva? Samo mali broj može doneti takvu sankalpu tj. duševnu odluku, da se vrati; ta sankapa je saosećanje, ljubav i nesebično služenje čovecanstvu u patnji.

92

Mahatme mogu dati blagoslov kakav ni Bog ne može. Bog je bez imena i forme; On se ne može videti. Mahatme pružaju realnost o postojanju Boga i blagosiljaju narod opipljivim doživljajem o Njemu. U njihovom prisustvu, ljudi mogu da vide, osete i dožive Boga. Njihovo odricanje je najveće : ostaviti Vrhovno boravište blaženstva, da bi se živelo među običnim ljudima kao jedan od njih, ipak ostajući u večnom jedinstvu.

93

Mi nemamo ništa da ponudimo njima koji su voljni da žrtvuju svoj život za dobrobit čovečanstva. Ako jednog dana možemo primiti jedinstveni poklon, spoznaju Boga, to je samo zahvaljujući njihovom blagoslovu. Mi im se samo možemo skromno pokloniti sa neizmrenom poniznošću, i biti im beskrajno zahvalni što su sišli da nas susretnu i pomognu nam da napredujemo. Ovi spiritualni Učitelji nas vode do nivoa najvišeg blaženstva gde oni sami zauvek borave.

94

Mahatma ili Satguru, je prevazišao sve vasane, (urođene negative tendencije) imajući kontrolu svih želja i misaonih talasa. To je ono što im daje moć da se smeju od srca i da jednostavno uživaju kao svedoci svega. Vera u Satgurua, izvora večnog blaženstva i sreće, nam pomaže da budemo istinski srećni i zadovoljni i čini da naš život bude radosno praznovanje.

95

Praznovanje znači zaboraviti sebe. Osnova svakog praznovanja je vera da su istinsko Biće u meni i Svest svemira jedno te isto. Kada ljubav i saosećanje ispune naša srca, svaki naš trenutak je jedinstven, nikad ne padnemo u dosadu. Kada smo uvek razdragani, srećni i predani Bogu, život se pretvara u blaženu proslavu.

96

Kao kap vode što padne u more i stapa se sa njegovim ogromnom širinom, sledbenik uranja u okean blaženstva i predaje se postojanju. Potopljen u okean ljubavi, on uvek živi u ljubavi. Potpuno obuzet božanskom ljubavlju, njegovo individualno postojanje nestaje, jer se on stopio sa totalitetom ljubavi. On postaje ponuda ljubavi svome Gospodu. U tom stanju čiste ljubavi, svi strahovi, sve brige, sva vezivanja i sva tuga iščezavaju.

97

Spiritualnost je sposobnost da se svaka prepreka u životu suoči sa osmehom. Predajući sve svome voljenom Gospodu, istinski sledbenik je uvek u prijatnom, blaženom raspoloženju.

98

Svi sukobi i podele prestaju da postoje za istinskog sledbenika. Nema mesta ni za mržnju ni za ljutnju. Oni koji ga mrze kao i oni koji ga vole su mu jednaki. Ne samo ljubav, već i ljutnja i mržnja se takođe smatraju prasadom (Božijim blagoslovom). Istinski sledbenik vidi kao prasad, i ono što je dobro i ono loše.

99

Blaženstvo i zadovoljstvo potiču od odsutnosti ega; do tog stanja se dolazi zahvaljujuci pobožnosti, ljubavi, i potpunoj predaji Svevišnjem Gospodu. Zadovoljstvo izvire jedino kada napustite tj. predate sebe uz ponašanje totalnog prihvatanja, kada svako iskustvo u životu prihvatate na jednak način.

100

Amma nekad kaže svojoj deci "Vaša sreća je Ammino zdravlje. Amma nema drugo zdravlje osim ovoga ovde. Zato, deco, radite nesebično i obavljajte svoje spiritualne vežbe, bez traćenja vremena – i postignite pravo blaženstvo. Vaše vreme je dragoceno, zato idite svesno i pažljivo ka svom cilju: Istina, Svesnost i Blaženstvo.

101

Oni koji su bliski Bogu, poznaju blaženstvo koje prožima sve. Kada dostignete ovo stanje, iskustva kao što su sreća i tuga, uvreda i pohvala, vrućina i hladnoća, rođenje i smrt, vas ne dotiču. Vi ste tada izvan svega toga, kao osnov svakog doživljaja, svedok svega što se dešava kao dete koje se igra.

102

Ceo svet se raduje. Zvezde trepere na nebu, reke blaženo teku, grane na drveću igraju na vetru, a ptice pucaju od pevanja. Treba da se zapitate, 'Zašto se onda, živeći u sred ovog veselog slavlja, osećam tako tužno?' Postavite pitanje, 'Zašto' iznova i iznova, i naći ćete da cveće, zvezde, reke, drveće i ptice nemaju ego; i pošto nemaju ego, ništa ih ne može povrediti. Bez ega, moze se biti samo radostan.

103

Deco, kada se nevinost probudi u našim srcima, dozvoljavajući nam da vidimo sve u tom svetlu, postoji samo blaženstvo.

104

Pronadjite ponovo nevin i blaženi svet deteta, pun smeha i sunčeve svetlosti. Svako od nas treba da probudi dete u sebi, koje tu leži uspavano. Inače, drugačije ne možemo rasti, jer jedino deca mogu da rastu. Dobro je provoditi vreme sa decom. Ona će vas naučiti da verujete, da volite i da se igrate. Deca će vam pomoći da se smešite od srca i da imate razdraganu ljubopitljivost u očima.

105

Kada vaše oči budu mogle prodreti izvan prošlosti, sadašnjosti i budućnosti, da vide nepromenljivu Realnost koja je van svih promenljivih iskustava, sve što možete uraditi je da se smešite. Vaše oči će se takođe smešiti ne samo vaše usne. Svi veliki Učitelji imaju jedinstveno nasmešene oči. Krišna je imao nasmešene oči. Pogledajte Kali dok igra na Šivinim grudima. Iako izgleda gnevno, osmeh je u njenim očima - osmeh blaženog sveznanja. Dok gledate blaženstvo Realnosti, vaše oči će zračiti čistu radost.

106

Amma nije imala osećaj nečeg stranog kada je došla na ovaj svet. Sve joj je bilo potpuno familijarno : kada neko zna sve o svetu on samo može da se smeši. Kada neko vidi čitav svet kao blaženu igru božanske Svesti, šta drugo može da radi osim da se smeši?

107

Kad shvatite da vi niste vaše telo, već najviša Svest vi ćete se probuditi i razumeti da je ovaj san o svetu, i sva iskustva koja su u vezi sa tim, samo blažena igra. Vi ćete se smejati posmatrajući ovu jedinstvenu igru božanske Svesti. Baš kao što se dete smeje i uživa, gledajuci dugine boje razdraganim i ljubopitljivim pogledom, tako ćete se i vi srećno smejati.

108

O božanski Duhu, da li me vidiš ovde? Neka me Tvoje zvezdane ruke obaspu milošću, dajući mi snagu da Te se sećam i tugu da bih Te stalno prizivao. Ti si moje jedino utočište i uteha. O, kako je divan Tvoj božanstveni svet pun blaženstva. Povedi me gore, u Tvoj svet gde blista milion treperećih zvezda!

www.ingramcontent.com/pod-product-compliance
Lightning Source LLC
Chambersburg PA
CBHW070609050426
42450CB00011B/3025